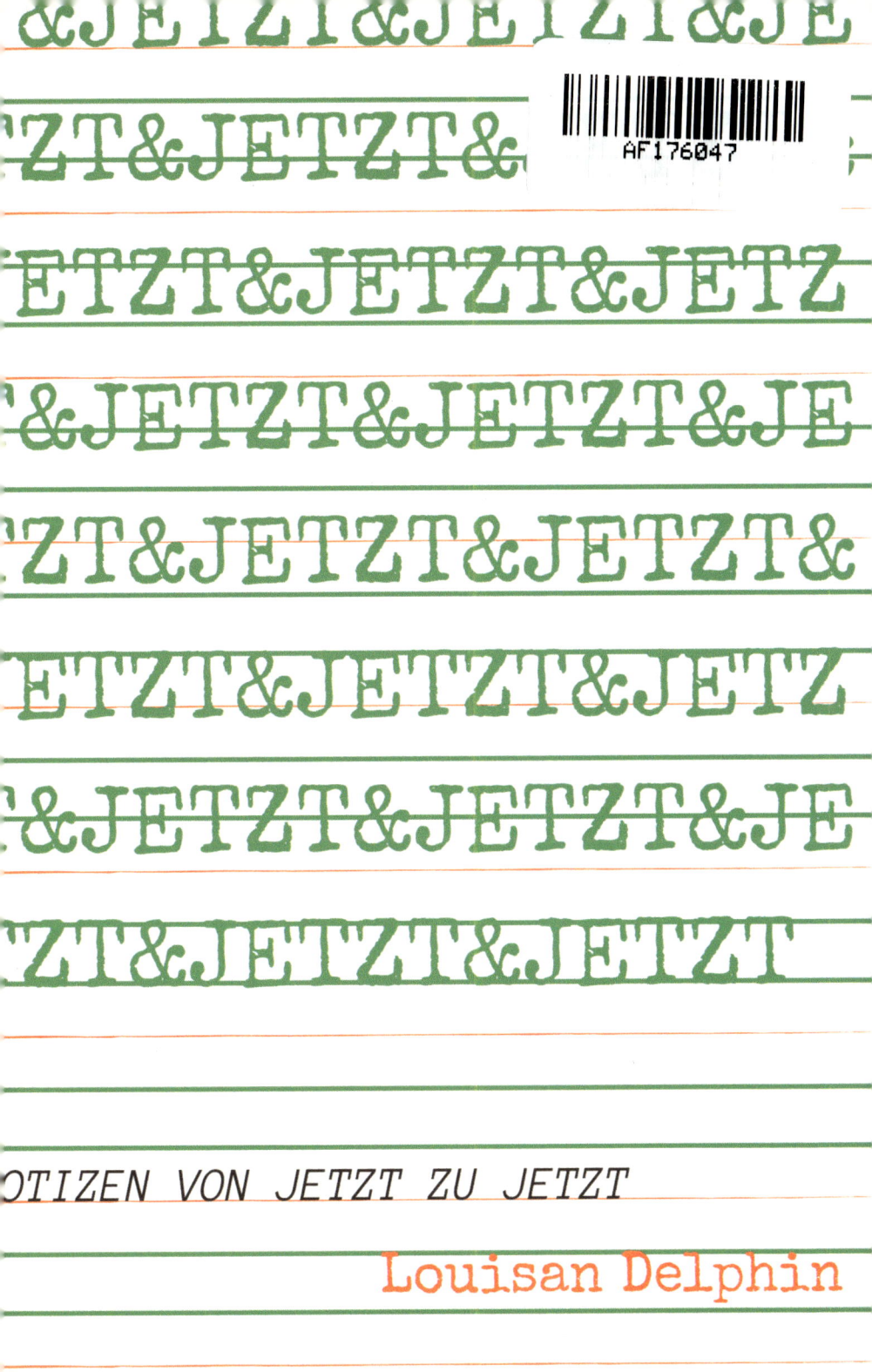

&JETZT&JETZT&JE
ZT&JETZT&
ETZT&JETZT&JETZ
&JETZT&JETZT&JE
ZT&JETZT&JETZT&
ETZT&JETZT&JETZ
&JETZT&JETZT&JE
ZT&JETZT&JETZT

OTIZEN VON JETZT ZU JETZT

Louisan Delphin

Originalausgabe

© Louisan Delphin 2022

Buchgestaltung: Annette Jäger

Herstellung und Verlag

BoD – Books on Demand, Norderstedt

ISBN: 9783756237586

Es gibt kein
Naturgesetz das
gesagt, das
Menschen
glücklich sein
müssen.

eröffne deine neue Welt mit
ungeahnten Möglichkeiten in diesem,
deinem Notizbuch im HIER & JETZT.

Ich wünsche dir
JETZT viel Freude

Deine Louisan

Zeit scheint nicht das zu sein, wofür wir sie halten. Immer mehr Menschen sprechen vom Leben im Hier und Jetzt. Dieses Büchlein soll feinen Menschen dienen, die sich auf andere, möglicherweise für sie neue Art und Weise mit der Zeit beschäftigen mögen.Gib der Zeit deine eigene, ganz persönliche Geschichte.Wir nutzen sie, sparen sie, verschwenden sie oder schlagen sie tot. Sie ist überall gegenwärtig.Auch in diesem Moment ist sie: Die Zeit.Ist unsere Vergangenheit wirklich gegangen? Oder die Zukunft vielleicht schon da? Was ist Zeit?

Wie kann man das Rätsel der Zeit lösen? In diesem Büchlein lassen sich eine Vielzahl an Ideen und Gedanken finden, was alles zu schaffen ist, wenn Zeit als sich ständig wiederholender Prozess definiert und dokumentiert wird. Halte vor allem deine Gedanken zum Hier und Jetzt schriftlich fest und ich wünsche dir viel Freude bei den durch dich entstehenden Resultaten.

Mit diesem Buch kannst du mehr über dich, deine Kreativität, deinen Umgang mit Zeit und über das, was dir wichtig ist herausfinden und dokumentieren. Probier es aus, ich wünsche dir viel Freude dabei.

Nimm dir FREIZEIT und genieße!

Jeder verbringt seine ganz eigene Zeit im Leben.

Frage ein Jetzt nach dem anderen ein. Das Buch gibt dir die Möglichkeit jeden einzelnen Moment zu dokumentieren. Und das Dokumentieren eines jeden einzelnen Momentes schenkt dir Bewusstsein und mehr Achtsamkeit.

Du wirst überrascht sein, wie viele interessante Gedanken dir bei der Nutzung dieses Büchleins einfallen werden.

Damit hättest du ganz sicher nicht gerechnet.
Du bist ein einzigartiger und wundervoller Mensch. Das wird dir ganz sicher mit diesem Büchlein klar.

JETZT

JETZT

JETZT

JETZT

JETZT

JETZT

JETZT

JETZT

JETZT

JETZT

JETZT

JETZT

JETZT

JETZT

JETZT

JETZT

JETZT

JETZT

JETZT

JETZT

JETZT

JETZT

JETZT

JETZT

JETZT

JETZT

JETZT

JETZT

JETZT

JETZT

JETZT

JETZT

JETZT

JETZT

JETZT

JETZT

JETZT

JETZT

JETZT

JETZT

JETZT

JETZT

JETZT

JETZT

JETZT

JETZT

JETZT

JETZT

JETZT

JETZT

JETZT

JETZT

JETZT

JETZT

JETZT

JETZT

JETZT

JETZT

JETZT

JETZT

JETZT

JETZT

JETZT

JETZT

JETZT

JETZT

JETZT

JETZT

JETZT

JETZT

JETZT

JETZT

Das TICKEN der

UHR.....der

Flügelschlag des

Schmetterlings,

ein Sack Reis in

China...

JETZT

JETZT

JETZT

JETZT

JETZT

JETZT

JETZT

JETZT

JETZT

JETZT

JETZT

JETZT

JETZT

JETZT

JETZT

JETZT

JETZT

JETZT

JETZT

JETZT

JETZT

JETZT

JETZT

JETZT

JETZT

JETZT

JETZT

JETZT

JETZT

JETZT

JETZT

JETZT

JETZT

JETZT

JETZT

JETZT

JETZT

JETZT

JETZT

JETZT

JETZT

JETZT

JETZT

JETZT

JETZT

JETZT

JETZT

JETZT

JETZT

JETZT

JETZT

JETZT

JETZT

JETZT

JETZT

JETZT

JETZT

JETZT

JETZT

JETZT

Alle Zeit ist

bereits existent.

Bis später...

Nicht gestern und

nicht morgen.

Immer: JETZT.

JETZT

JETZT

JETZT

JETZT

JETZT

JETZT

JETZT

JETZT

JETZT

JETZT

JETZT

JETZT

JETZT

JETZT

JETZT

JETZT

JETZT

JETZT

JETZT

JETZT

JETZT

JETZT

JETZT

JETZT

JETZT

JETZT

JETZT

JETZT

JETZT

JETZT

JETZT

JETZT

JETZT

JETZT

JETZT

JETZT

JETZT

JETZT

JETZT

JETZT

JETZT

JETZT

JETZT

JETZT

JETZT

JETZT

JETZT

JETZT

JETZT

JETZT

JETZT

JETZT

JETZT

JETZT

JETZT

JETZT

JETZT

JETZT

JETZT

JETZT

JETZT

JETZT

JETZT

JETZT

JETZT

JETZT

JETZT

JETZT

JETZT

JETZT

JETZT

JETZT

Bewohner eines Hochhauses erleben die Zeit im obersten Stock schneller als im Erdgeschoss.

JETZT

JETZT

JETZT

JETZT

JETZT

JETZT

JETZT

JETZT

JETZT

JETZT

JETZT

JETZT

JETZT

JETZT

JETZT

JETZT

JETZT

JETZT

JETZT

JETZT

JETZT

JETZT

JETZT

JETZT

JETZT

JETZT

JETZT

JETZT

JETZT

JETZT

JETZT

JETZT

JETZT

JETZT

JETZT

JETZT

JETZT

JETZT

JETZT

JETZT

JETZT

JETZT

JETZT

JETZT

JETZT

JETZT

JETZT

JETZT

JETZT

JETZT

JETZT

JETZT

JETZT

JETZT

JETZT

JETZT

JETZT

JETZT

JETZT

JETZT

JETZT

JETZT

JETZT

JETZT

JETZT

JETZT

JETZT

JETZT

JETZT

JETZT

JETZT

JETZT

Lieber Leser,

herzlichen Dank für deine
wertvolle Zeit und für dein
Interesse. Schön, dass es dich
gibt!

Alles Liebe,

Deine Louisan

Weitere Bücher und mehr
Informationen zu meinem
Gedankenzoo findest du unter
www.emotionami.de